La Couronne de Fleurs,

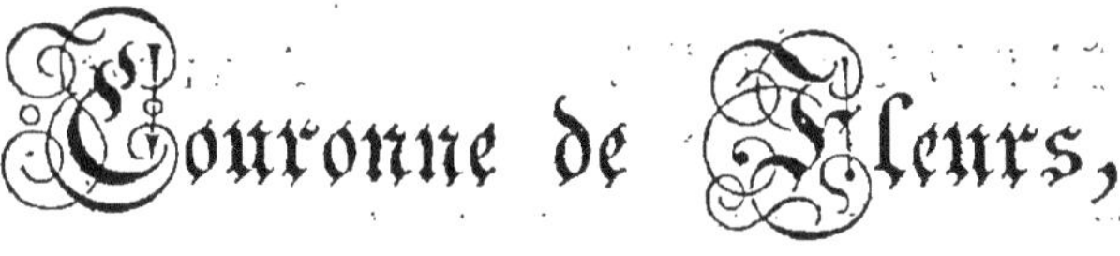

VAUDEVILLE EN UN ACTE,

A l'Occasion du Couronnement

DE S. M. CHARLES X.

Par M. Vial, Gersain et Gabriel.

REPRÉSENTÉ A PARIS SUR LE THÉATRE DES VARIÉTÉS,
LE 7 JUIN 1825.

Paris,

QUOY, LIBRAIRE,

ÉDITEUR DE PIÈCES DE THÉATRE,

Boulevard Saint-Martin, n°. 18, près le Théâtre.

Imprimerie de A. Coniam, Faubourg Montmartre, N. 4.

1825.

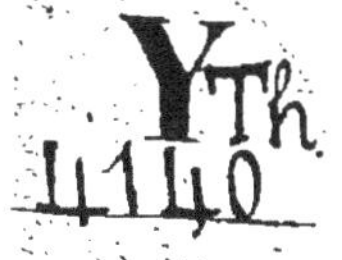

PERSONNAGES.	ACTEURS.

M. PACARET, riche propriétaire de Reims retiré dans sa maison de campagne. . . . . M. Lefebvre.

M. CONSEIL, son ami logé chez lui. M. Lepeintre.

AGATHE,
LOUISE, } nièces de M. Pacaret·
AMÉLIE,

Mlles. Pauline.
» Chalbos.
» Félicie.

ADELE.
CAROLINE, } leurs bonnes amies.
VIRGINIE,

» Mélanie.
» Maria.
» Aldegonde.

SUZETTE, jeune paysanne, filleule de Pacaret· . . . . Mlle Jenny V.

BLAIZOT, jardinier de Pacaret. . M. Brunet.

BOURDON, berger de la ferme de Pacaret. . . . . M. Odry.

LÉONIDE,
CLARISSE, } jeunes filles de la ville.
JULIETTE,

Mlles. Sophie.
Lise.

La scène se passe au Village de Tinqueux, à une lieue de Réims, où doit se former le cortège.

La

Couronne de Fleurs,

VAUDEVILLE EN UN ACTE.

Le théâtre représente le jardin de Pacaret, en avant de la maison, à gauche, une porte pleine conduisant à un petit jardin particulier. Au fond du théâtre une terrasse dominant sur la grande route. Au-dessus on apperçoit le haut d'un arc de triomphe en verdure qui est élevé sur la place publique.

SCÈNE PREMIÈRE.

BLAIZOT , SUZETTE , *ils sortent du petit jardin qui est à gauche.*

BLAIZOT.

Attends, Suzette, que je ferme bien la porte.

SUZETTE , *se retournant.*

Mon dieu, mon dieu, que de belles fleurs et comme elles sont fraîches !

BLAIZOT.

Ah ! c'est que c'est soigné et puis, vois-tu, il n'y a que notre maître, M. Pacaret, son ami, M. Conseil, et moi Blaizot, qu'avons la clef de ce petit jardin.

SUZETTE.

Et qu'est-ce que mon parrain veut donc faire de ces fleurs ?

BLAIZOT.

Faut qu'il ait quelque projet, car il me dit toujours en riant : prends-en bien soin et ne les laisse voir à personne.

(4)

SUZETTE.

Quoi, les nièces de not' maître n'entront pas là-dedans ?

BLAIZOT.

Ah ! ben oui ; elles ne se doutent même pas qu'il y a des fleurs dans ce coin-là.

SUZETTE.

J'n'ons jamais vu d' si belles roses.

BLAIZOT, *avec malice.*

Si fait bien moi ; et j'en vois encore à présent quoique je ne soyons plus dans le jardin.

SUZETTE.

Oh ! par exemple, des fleurs ici !... pour le passage du Roi, not' maître a fait tout ramasser : il veut des bouquets, des couronnes, des guirlandes.

BLAIZOT.

J'en vois, j' te dis... tourne-toi donc un peu. (*Suzette se retourne vers lui*) Et il me prend envie d'en cueillir quelques-unes.

SUZETTE.

Tu m'en as refusé de ton jardin, tu n'auras point des miennes.

BLAIZOT.

Air : *Voulant par ses œuvres complètes.*

Bientôt tu s'ras ma fiancée.
Tu peux bien m' donner un baiser.

SUZETTE.

Comm' toi j' peux bien être pressée,
Mais j' dois encor te refuser.
De ces cadeaux soyons avares
Tant que l'hymen n'est pas conclu,
Car c'est souvent marché rompu
Quand la fille a donné des arrhes.

Tu te souviens que mon parrain a dit qu'il nous marirait le jour qu'il y aurait par ici quelque grand événement ?

BLAIZOT.

Oui.

SUZETTE.

J'espère que le v'là arrivé ce grand événement.

BLAIZOT.

Le sacre de not' bon Roi qui va répandre dans le village tant de joie, tant de bonheur que je sommes déjà tout guilleret.

(5)

SUZETTE.

Et not' maître donc, il est si heureux qu'il disait pas plus tard qu'hier, qu'il ne refuserait rien pendant huit jours de tout ce qu'on lui demanderait.

BLAIZOT.

C'est parler comme un Roi ça.

SUZETTE.

Et s'il hésite un brin faudra nous adresser à son ami, M. Conseil, il a toute sa confiance et je pouvons compier sur lui.

BLAIZOT.

C'est y là un drôle d'homme, ce M. Conseil.

Air : *Vive une femme de tête.*

Son nom peint son caractère,
J' n'ai jamais vu son pareil,
Il voudrait à tout' la terre
Chaqu' jour donner un conseil.

SUZETTE.

Il conseille aux jeunes filles
De n' point r'garder les garçons.

BLAIZOT.

Mais il conseille aux bons drilles
D' faire enrager les tendrons.

SUZETTE.

Il conseille aux ménagères
D'aimer leurs maris long-temps.

BLAIZOT.

Ensuite il conseille aux pères
De r'connaîtr' tous leurs enfans,
Aux marchands d' vins il conseille
D' laisser not' vin tel qu'on l' fait,
Sans mett' d'eau dans la bouteille,
Mais c'est tout comm' s'il chantait....
J' conseille à tout' la province,
Va-t-il nous dire aujourd'hui,
De montrer à not' bon prince
Tout l'amour qu'on r'sent pour lui.

SUZETTE.

C' conseil est ben inutile,
J' réponds d' nos cultivateurs,
Au villag' comme à la ville
Charles règn' sur tous les cœurs.

Blaizot reprend les deux derniers vers.

Ah ! v'là not' maître.

BLAIZOT.

Il vient ben à propos. Parlons-lui de not' mariage.

SCÈNE II.

BLAIZOT, SUZETTE, PACARET.

(Pacaret est entouré de guirlandes de fleurs ; il en a sur les bras, sur les épaules, dont il a peine à se débarrasser. Plusieurs domestiques soutiennent le bout des guirlandes.)

PACARET, *aux domestiques.*

Attention, vous autres, soutenez les guirlandes ; s'il y a une seule fleur de fanée , je vous chasse, mais non, je vous garde au contraire, c'est un trop beau jour pour faire de la peine à quelqu'un, mais je vous renvoie tous à la fin de la semaine. (*à Blaizot.*) Allons donc, toi qui es jardinier, viens donc un peu me tirer de-là.

BLAIZOT.

M'y v'là, not' maître, m'y v'là.

PACARET, *débarrassé des guirlandes.*

Toutes ces guirlandes sont pour ma terrasse ; je veux qu'on les arrange en chiffres, en festons, qu'on en décore toute ma maison. (*aux autres domestiques.*) Vous autres, allez chercher, pour garnir mon amphithéâtre, les plus beaux fauteuils, les plus belles chaises, et puis une bonne grande bergère pour moi. (*les domestiques entrent dans la maison.*)

SUZETTE.

Il ne s'oublie pas, mon parrain.

BLAIZOT.

Attendez donc monsieur Conseil, il vous indiquera comment faut ajuster tout cela.

PACARET.

Est-ce que j'ai besoin de monsieur Conseil pour savoir ce que je dois faire, n'ai-je pas mon avis à ma volonté ?

BLAIZOT.

Je n' dis pas non, mais monsieur Conseil a la sienne aussi... il vous critiquera et vous serez bien forcé...

PACARET.

Allons, allons, qu'on m'obéisse.

Air : *Vaudeville des Gascons.*

Portez là-haut tous ces bouquets....
D'un roi que mon cœur idolâtre
Je veux sur mon amphithéâtre
De plus près
Admirer les traits.
Mes amis, pour ce beau coup d'œil,
S'entasseront sur chaque chaise,
Moi tout seul dans mon grand fauteuil.....

BLAIZOT.

Afin qu' chacun soit à son aise.

CHOEUR.

Portons là-haut tous ces bouquets, etc.

SCÈNE III.

LES MÊMES, CONSEIL.

CONSEIL.

Eh bien ! eh bien ! mon cher Pacaret, qu'est-ce qu'on fait donc là ? des chaises, des fauteuils, sur votre amphithéâtre, cela tiendra beaucoup trop de place, des bancs, croyez-moi, des bancs, voilà ce que je vous conseille. Faites remporter tout cela.

BLAIZOT, *à part à Pacaret.*

Quand je vous disais, not' maître...

PACARET.

Dame ! au fait, il a raison : je n'avais pas songé à la petitesse de ma terrasse, à la grandeur de mes fauteuils... allons, des bancs, mes amis, des bancs.

CONSEIL, *aux domestiques qui entrent dans la maison.*

Et les plus petits possibles, pour dire qu'on en a.

PACARET, *à Conseil.*

Je vous remercie, mon ami, j'aime quand on me fait apercevoir que je me trompe.

CONSEIL.

Cela vous arrive si peu. (*le regardant des pieds à la tête.*) ah ! tenez, vous vous êtes trompé en vous habillant.

PACARET.

Comment ça donc ?

(8)

CONSEIL.

Vous vouliez, j'en suis sûr, mettre votre habit mordoré,
l'habit de cérémonie, le costume de rigueur, et vous avez
passé votre redingotte, un jour comme aujourd'hui, je vous
conseille de la quitter bien vîte.

PACARET.

Quoi, vous pensez ?

BLAIZOT.

Tiens, j'peux donc pas rester en veste, moi ?

CONSEIL.

Fi donc, fi donc.

Air : de la Sentinelle.

Je ne veux pas vous donner un conseil,
Mais, croyez-moi, j'ai de l'expérience,
Il faut savoir observer le soleil
Et s'habiller selon la circonstance.
  De la couronne de Clovis
  Charles dix va ceindre sa tête ;
  Quand le Roi prend ses beaux habits,
  Toute la France, mes amis,
  Doit prendre ses habits de fête.

PACARET.

Eh bien, mon ami, je vais faire comme toute la France.

CONSEIL, aux domestiques qui apportent des bancs.

Attendez, vous autres, ne faites rien sans moi, je suis à
vous, tout-à-l'heure. (à Pacaret.) Dites donc, mon ami,
qu'est-ce que j'ai vu en passant ? vous faites préparer, pour
le bal, votre salle de billard ?

PACARET.

Elle est très-vaste, très-commode.

CONSEIL.

C'est trop petit, on étouffera ; nous serons bien mieux
dans le jardin, sous le quinconce, en plein air ; il faut que
la danse et la joie aient aujourd'hui un libre essor.... Et
qui aurez-vous pour le banquet, demain ?

PACARET.

Nos amis, nos parens ; ceux que vous connaissez ; ce sont
de bons vivans et qui feront joliment chorus avec nous.

CONSEIL.

Oui, oui : mais n'allez pas les mal placer à table comme
la dernière fois, ça dérange toute l'harmonie d'un festin,
on ne s'entend plus.

Air : *Un homme pour faire un tableau.*

Il faut savoir, je m'y connais,
  Etudier les caractères,
  Vous mettrez le juge de paix
  Près du commissaire des guerres,
  A côté d'un vieillard chagrin
  Un homme à face rubiconde,
  Et le docteur près du marin
  Qui veut partir pour l'autre monde.

A votre tour, mon ami, donnez-moi un petit conseil : dînerai-je aujourd'hui chez vous ou chez le sous-préfet ?

PACARET.

Dînez où cela vous fera plaisir.

CONSEIL.

En ce cas, ce sera chez vous ; mais le sous-préfet sera fâché.

PACARET.

Donnez-lui la préférence.

CONSEIL.

Voilà ce que c'est, je tire tout le monde d'embarras et quand je suis embarrassé, on me refuse des avis.

BLAIZOT.

Je vais vous en bailler un, moi, si vous voulez.

CONSEIL.

Je le veux bien.

BLAIZOT.

On dîne ici à deux heures, et entre six et sept chez le sous-préfet, à cause de la cérémonie : on peut faire deux repas en un jour, j'en fais quatre, moi, par ainsi....

CONSEIL.

Quel trait de lumière ! voici un garçon rempli de bon sens : si vous m'en croyez, mon cher Pacaret, vous le consulterez en mon absence.... C'est dit, je viendrai déjeuner chez vous à l'heure de votre dîner, chez le sous-préfet entre six et sept, et pour le souper, je vous donne la préférence.... Je vous quitte, il y a dans ce village une foule de gens qui ne savent pas se décider quand je ne suis pas là. Je vais disposer leurs guirlandes, leurs fleurs, à ma manière, dans le bon genre.... Nous disons donc : déjeuner ici, dîner chez le sous-préfet.... votre habit mordoré, la salle de bal dans le jardin.... je ne vois pas que j'aie autre chose à vous conseiller pour le moment.... ah ! si,

La Couronne de fleurs.   2

je vous conseille de ne prendre aucun parti que je ne sois revenu.... Sans adieu , mon cher ami. (*Il sort.*)

SCÈNE IV.

PACARET, SUZETTE, BLAIZOT.

PACARET, *à part.*

Diable d'homme avec ses conseils, voilà que je ne sais plus maintenant si je dois faire construire ma salle de bal dans le billard ou dans le jardin.

BLAIZOT, *à Suzette.*

V'là le moment de lui parler.

PACARET, *à part.*

Je sais bien que le jardin a son agrément.

SUZETTE, *à Blaizot.*

Parle le premier, t'es plus z'hardi.

PACARET.

Qu'est-ce que vous avez donc à chuchotter tous deux !

SUZETTE.

Dame, quand on n'ose pas parler haut, il faut ben parler bas !

PACARET.

Ah ! je vous vois venir, vous voulez tous deux être placés sur ma terrasse pour voir passer le cortège ? j'y consens.

BLAIZOT.

Bien obligé, not' maître, mais c'est pas ça.

PACARET.

J'y suis; vous voulez n'avoir rien à faire de toute la journée ? je le veux bien.

SUZETTE.

Grand merci, mon parrain, mais vous n'y êtes pas.

PACARET.

Parle donc.

SUZETTE.

Vous rappelez-vous ce que vous m'avez dit un jour assis dans votre jardin, contre le grand pommier, en mangeant une jatte de lait que je vous avions apportée, et en tenant un bouquet que j'avions cueilli tout exprès pour vous ?

PACARET.

Je disais que ton lait était excellent et que tes fleurs avaient
un parfum délicieux.

SUZETTE.

C'est pas ça du tout.

PACARET.

Qu'est-ce que je disais donc ?

BLAIZOT.

Vous aviez l'air tout de même joliment gaillard ce jour-là,
vous parliez à Suzette de son mariage.

PACARET.

Oui, voici l'époque où je l'ai fixé ; un mariage fait aujourd'hui ne peut manquer de porter bonheur, et je consens
à tout.

BLAIZOT.

Là, quand je te disais que j'en viendrions à bout nous-
même....

Air : *des deux Gaspard.*

J' voulions prier Monsieur Conseil
De nous prêter son ministère,
Mais j' n'ons jamais vu son pareil
Pour bien embrouiller une affaire.
J' vous avons exprimé nos vœux,
Vot' bon cœur pour nous s'intéresse ;
Ça nous prouv' que tout va bien mieux
Quand c'est au maître qu'on s'adresse.

PACARET.

Et comme ta mère, ma petite Suzette, pourrait dire ci et
ça parce que Blaizot n'a pas de dot, je veux lui en donner une.

BLAIZOT.

Ça va lui clore la bouche et elle sera bien attrappée.

PACARET, *parlant avec précaution.*

Tu iras chez M. le maire lui donner pour cent écus les
les fleurs que tu cultives sans qu'on s'en doute dans ce petit
jardin ; il en demande : elles sont les fruits de ton travail,
et je te les abandonne.

SUZETTE.

Ah ! mon parrain : mais c'est une fortune, ça.... cent
écus, une brassée de fleurs !

PACARET.

C'est la circonstance, l'arrivée de nos princes qui leur donne cette valeur-là.

BLAIZOT.

C'est y heureux qu'ils soient passés par ici.

SUZETTE, *se retournant.*

Mon parrain, voici vos nièces, mesdemoiselles Agathe, Louise et Amélie.

PACARET.

C'est bien, mes amis, allez vîte terminer votre marché.

(*Blaizot et Suzette sortent.*)

SCÈNE V.

PACARET, AGATHE, LOUISE, AMÉLIE.

CHŒUR, *en entrant.*

Air : *Vaudeville da Bouquet du Roi.*

Ah ! quel spectacle charmant !
Tout chante dans le village ;
On lit sur chaque visage
Le plaisir qui nous attend.

PACARET.

De mes fleurs toutes nouvelles
Je me voyais dépourvu ;
J'en retrouve de plus belles,
Ma foi, je n'ai rien perdu.

CHOEUR.

Ah ! quel spectacle, etc.

LES JEUNES FILLES.

Bonjour, bonjour, mon cher oncle.

PACARET.

Mais je crois que vous êtes embellies depuis ce matin.

AGATHE.

Cela se peut bien, mon oncle ; le plaisir...

AMÉLIE.

Comment n'être pas jolie, un jour comme celui-ci ?

AGATHE.

Nous venons de la ville. La joie brille dans tous les yeux, anime toutes les physionomies ; donne de l'esprit à tout le monde ; il n'est pas jusqu'à la petite demoiselle de Florville, les grandes demoiselles Blainval, la grosse dame du château qui ne soient aujourd'hui presque bien... les hommes même me paraissent plus aimables ; je suis tentée de trouver bon ton à mon grand cousin, de la grâce à notre marguiller, monsieur Lambin est plus vif, monsieur Victor salue moins gauchement, et monsieur Conseil est moins bavard.... vous voyez bien, mon oncle, que le plaisir de voir le Roi et d'en être vue m'a tourné la tête.

PACARET.

Ah! Je voudrais bien que son regard, s'il t'en adresse un te donnât un peu de sa bonté et de son indulgence.

AMÉLIE.

Cela ne lui ferait pas de mal.

AGATHE.

Nous avons, mon oncle, une bonne nouvelle à vous donner.

PACARET.

Quoi donc?

AMÉLIE.

Plusieurs de nos jeunes amies dont vous connaissez les parens, mesdemoiselles Virginie, Caroline, Adèle, nous ont demandé des places ici, et nous les avons promises en votre nom.

PACARET.

Vous avez très bien fait ; je songeais à les inviter, nous ne pouvons avoir trop belle compagnie.

AMÉLIE.

Vous verrez, mon oncle, l'effet charmant que nous ferons toutes sur votre amphithéâtre.

LOUISE.

Le roi, j'en suis sûre, tournera les yeux vers nous, il aime tant à voir ceux dont il est aimé.

AMÉLIE.

Il nous parlera, il est si bon.

PACARET.

Vous ferez en effet une assez jolie couronne de fleurs.

AGATHE.

Et l'on sait que notre roi aime beaucoup celles-là.

PACARET.

Air : *de Julie.*

Il est brave autant qu'Henri quatre
Galant comme François premier,
En vous voyant sur mon amphithéâtre
Il s'écriera, comme le roi guerrier :

«Quand la paix remplace la guerre,
« La beauté doit avoir son tour;
« Il faut des belles à la cour
« Et des roses dans un parterre. »

AMÉLIE.

Ah 'ça, mon oncle, vous nous donnerez les plus belles places au premier rang, sur une même ligne, il faut qu'on nous voie.

LOUISE.

Vous nous ferez entrer les premiéres.

PACARET.

C'est cela, des préférences, des injustices, faire crier tout le monde.

AGATHE.

En nous faisant entrer par votre salon qui est de niveau avec l'amphithéâtre, on ne verra rien et on ne saura rien.

PACARET.

Air : *Vaudeville de Jean Monet.*

Vous donner cet avantage?
Cela ne m'est pas permis.
AGATHE.
Au contraire, c'est l'usage
Dans mainte salle à Paris;
Les amis
Réunis
Les premiers entrent sans peine,
Et c'est quand la salle est pleine
Que le public est admis.

PACARET.

A la bonne heure. Mais ces demoiselles arriveront-elles à temps?

AMÉLIE.

Nous venons de les envoyer chercher par Bourdon, le berger de votre ferme.

PACARET.

Bonne précaution, il y a tant de monde sur la route.

AGATHE.

Après cela, mon oncle, vous verrez nos surprises.

PACARET.

Quoi donc?

LOUISE.

Vous le saurez, mais plus tard.

(15)

Air : *Ce boudoir est mon Parnasse.*
En ce beau jour qui s'apprête,
Quand chacun forme des vœux,
Nous avons pour cette fête
Un projet des plus heureux.
PACARET.
Vous me le direz, j'espère,
AGATHE.
Non, non, silence parfait.
Trois femmes sauront se taire   *Ensemble.*
Pour la rareté du fait.

PACARET.

Eh bien, mesdemoiselles, discrétion pour discrétion. Je
ne vous dirai pas quels sont les jeunes gens que j'ai invités
pour ce soir.
LES DEMOISELLES.
Des jeunes gens ! et qui donc, mon oncle ?

PACARET.

Ah ! qui donc ? écoutez, mes nièces, soyez franches.
TOUTES.
Oui, oui, mon oncle.
PACARET, *d'un air mystérieux.*
Savez-vous fidèlement garder un secret ?
TOUTES, *avec impatience.*
Oh ! certainement.
PACARET.
Eh bien... moi aussi.   (*Il s'éloigne.*)

CHŒUR DES TROIS DEMOISELLES.

Air : *Bonsoir, noble dame* (du *Comte Ory*).

Allons, pour la fête
Qu'ici tout s'apprête,
Ce soir est pour nous
Un plaisir bien doux.
AGATHE.
Aimable jeunesse
Au brillant maintien
Près de nous s'empresse,
Ne négligeons rien (3 *fois.*)
CHOEUR.
Dans cette retraite (*bis.*)
Ainsi qu'à Paris,
D'un peu de toilette
On sent tout le prix.

            (*Elles sortent.*)

SCÈNE VI.

PACARET, CONSEIL, *entrant du côté opposé à celui de Pacaret.*

CONSEIL, *entrant avec un domestique.*

Allez vite dire à votre maître que j'ai bien réfléchi à ce qu'il m'a dit, et qu'il fera beaucoup mieux d'aller à Reims à cheval qu'en voiture... surtout qu'il mette son transparent deux pieds plus haut et ses guirlandes un peu plus bas. (*Le domestique sort.*) (*A Pacaret.*) Ah! mon ami, vous me voyez dans l'enchantement, dans le délire de tout ce que je viens de voir.

Air : *Vaud. des Blouses.*

O mon pays! de quel feu tu m'enflammes
Pour recevoir notre heureux souverain,
Nobles, bourgeois, soldats, enfans et femmes,
Tous les Français se sont donné la main.
Déjà partout les filles à l'ouvrage
Ont préparé des guirlandes de fleurs,
Pour en former des dômes de feuillage
Au roi chéri qu'attendent tous les cœurs.
Comme on s'anime en cette circonstance!
Chacun prétend présenter son bouquet :
Le troubadour compose une romance,
Et l'Institut improvise un couplet.
Le villageois, de nos rois idolâtre,
Sait se passer du fameux Colinet ;
Il chante en chœur l'air chéri d'Henri quatre
Et va danser au son du galoubet.
Le chansonnier, assis dessous la treille,
Pour s'inspirer a le verre à la main ;
Il croit l'esprit au fond de la bouteille,
La boit d'un trait et trouve un gai refrain.
Le peintre aussi, guidé par son génie,
Pour retracer la gloire de nos lys
Et les grands rois de notre dynastie,
Peint Saint-Louis, Charlemagne et Clovis.
Le vieux guerrier, dont l'âme s'est émue,
Qui sous le chaume a conservé sa foi,
Dès le matin a quitté sa charrue,
Pour présenter ses armes à son roi.
Le même esprit règne dans nos provinces ;
Il se répand jusqu'aux simples hameaux ;
Partout on boit à la santé des princes,
Et notre amour va vider nos tonneaux.

Fut-il jamais accord plus unanime?
Fut-il jamais plus heureux souverain?
Pour composer un tableau si sublime
Tous les Français se sont donnés la main.
ENSEMBLE.
Fut-il jamais accord plus unanime! etc.

PACARET.

J'avais bien dit que le sacre du roi produirait cet effet-là.

CONSEIL.

Je l'avoue, mon ami, j'aurais conseillé tout ce qu'on a
fait... mais voici des lettres pour vous.

PACARET.

Je les lirai tantôt.   (*Il veut les serrer.*)

CONSEIL.

Lisez-les tout de suite, mon ami, on ne sait ce qu'elles
peuvent contenir.

PACARET, *après en avoir parcouru plusieurs.*

Je m'en doutais. On me demande des environs, des places
sur mon amphithéâtre pour des parens, des amis... qu'ils
viennent, ils seront bien reçus.

CONSEIL.

Y pensez-vous?... Vous avez tout au plus vingt-cinq
places à donner, et vous allez appeler ici cent personnes. Je
vous engage à être plus réservé.

PACARET.

Les braves gens comptent sur moi.

CONSEIL.

Ceux du village n'y comptent-ils pas aussi? Vous vous
ferez des ennemis des deux côtés.

PACARET.

C'est ce que je veux éviter, mais j'ai presque promis.

Air : *Adieu, je vous fuis.*

Je ne puis plus me dégager.
CONSEIL.
Quels scrupules sont donc les vôtres?
Vous pouvez tous les obliger.
Refusez les uns et les autres.
Mon cher, ne soyez pas surpris
Du conseil qu'ici je vous donne ;
Les faveurs ont bien plus de prix
Quand on n'en accorde à personne.

PACARET.

Mais ils vont venir me presser, me prier, que leur dire?

CONSEIL.

Vous êtes embarrassé, n'est-ce pas?

PACARET.

Certainement.

CONSEIL.

C'est où je vous attendais, je vous tire de là.

PACARET.

Comment?... parlez donc.

CONSEIL.

Un instant, voulez-vous que je vous donne des avis qui ne soient bons à rien, pour le plaisir de vous en donner, comme ces gens qui n'ont que ça à faire; je calcule, moi, je raisonne, je mûris tout ce que je dis.

PACARET.

Mûrissez donc vite, le temps presse.

CONSEIL.

M'y voici... Qu'est-ce que le roi va faire à Reims?... le savez-vous?

ACARET.

Mais je l'imagine.

CONSEIL.

Poser sur sa tête la couronne de Charlemagne.

PACARET.

C'est vrai.

CONSEIL.

De quoi parle-t-on aujourd'hui dans toute la France?... De couronne.

PACARET.

Oui.

CONSEIL.

Eh bien, vous n'apercevez pas que c'est une couronne que l'on doit remarquer sur votre amphithéâtre.

PACARET.

En effet; mais ça n'empêche pas que tout le monde n'y soit admis.

CONSEIL.

Pour faire cohue, confusion, pêle-mêle épouvantable, des reproches d'un côté, des querelles de l'autre. Je vous évite tout cela.... Déclarez que nul ne sera admis chez vous

que porteur d'une couronne digne d'être offerte au roi...
Est-ce un conseil ça ; hein ?

PACARET.

Je vous entends, mon ami, je vous entends.

Air : *Vaud. de Turenne.*

C'est le moment de signaler son zèle.
Celui qui me présentera
Et la plus noble et la plus belle
Avant les autres passera.
Et le premier se placera.
Le difficile est que l'on y parvienne ;
Cette couronne, selon moi,
Doit être en tout digne d'un roi
Qui sait si bien porter la sienne.

Mes nièces et leurs amies viennent d'arriver.

CONSEIL.

Admises au concours comme tout le monde.

PACARET.

C'est cela, point de préférence... Je cours faire con-
naitre mes intentions aux amateurs.

(*Il va pour sortir par le fond*).

CONSEIL, *l'arrêtant.*

Où allez-vous donc ? vous voulez passer par la rue, vous
n'en viendrez jamais à bout. Je vous conseille de sortir par
ce petit jardin et par la petite ruelle.

PACARET.

Vous avez raison. (*Il sort par le petit jardin qu'il ouvre
avec sa clef... il oublie de le fermer.*)

SCÈNE VII.

CONSEIL, seul.

Attendez... A propos de petit jardin, j'ai quelque chose
à vous proposer, il est placé à merveille pour en faire une
glacière ; parce que, voyez-vous, dans l'été... Ah! ah! il
est parti.

SCÈNE VIII.

CONSEIL, BOURDON.

BOURDON.

Monsieur Conseil, monsieur Conseil, c'est moi.

CONSEIL.

Eh bien , qu'est-ce que ça me fait ?

BOURDON.

Et les voici.

CONSEIL.

Qui les voici ?

BOURDON.

Cette demi-douzaine de demoiselles qu'en ma qualité de berger de notre maître, on m'a envoyé chercher à la ville.

CONSEIL.

Pourquoi faire ?

BOURDON.

Dame ! est-ce que je sais, moi ? y a ben des choses à en faire... on m'a dit : va, et j'ai été... reviens vite, et me voilà...

CONSEIL, *redressant Bourdon.*

Ne te tiens donc pas comme ça, tu as l'air gauche,... et c'est toi qui les a amenées les demoiselles.

BOURDON.

Comme vous dites, et je dis que je les ai joliment conduites tout de même ; quand on m'confie des demoiselles , faudrait pas qu'on s'avisât d'y toucher en route, parce que... voyez-vous... je suis malin, et je tape... t'nez, t'nez ne les entendez-vous pas ?... alles parlent toutes ensemble comme à l'accoutumance... oh ! les jolies petites moutonnes...

CONSEIL.

Dois-je leur parler ?... oui, oui, elles ont peut-être quelque chose à me demander ; et il faut autant que possible , obli er tout le monde.

SCÈNE IX.

BOURDON , CONSEIL , AGATHE , LOUISE , AMÉLIE , ADÈLE , CAROLINE , VIRGINIE.

TOUTES EN CŒUR , *en entrant.*

Air : *Blondinettes , joliettes.* (d'Aline.)

Bonjour, mes bonnes amies,
Ah ! pour nous , quel jour heureux !
Par l'amitié réunies,
Tout ici comble nos vœux.

BOURDON.

Air : *Vos maris en Palestine.*

Ell's ont fait un bon voyage
Avec l' berger du hameau ;
On me r'mercira, je gage,
J'ons bien conduit not' troupeau.
Comme ell's sont bien éveillées,
Sur la rout' j' craignions beaucoup. (*bis*)
J' les ont si bien surveillées
Qu' ces d'moisell's n'ont pas vu l' loup. (3 *fois.*)

AGATHE.

Ah ! mes bonnes amies Comme cette journée va nous être
agréable.

ADÈLE.

Savez-vous bien que vous nous avez rendu un grand service en nous donnant des places ici.

VIRGINIE.

Nous n'en aurions trouvé nulle part.

LOUISE.

Cela ne m'étonne pas , tout le monde veut voir passer
nos princes, cela fait tant de plaisir. J'étais à Paris moi
quand ils sont entrés.

ADÈLE.

Moi, au baptême du duc de Bordeaux.

CAROLINE.

Moi, au retour d'Espagne.

AGATHE.

Et moi aussi ; c'était toujours le même bonheur, la même
ivresse .

BOURDON.

Oh ! ça c'est vrai , la même ivresse ; j'étais aux champs
Elysées , y en avait là d' l'ivresse.

AGATHE. , *se retournant.*

Ah ! voici, M. Conseil.

CONSEIL.

Mesdemoiselles , j'ai bien l'honneur de vous saluer , vous
me voyez fort à votre service, et si je puis vous être de quelque utilité....

AGATHE.

Certainement, et puisque personne n'est encore arrivé
vous allez nous conduire tout de suite sur la terrasse.

CONSEIL.

Impossible.

AGATHE.

Comment impossible , quand mon oncle nous a promis..

CONSEIL.

Pour être admis, il faut présenter une couronne digne
d'être offerte à sa majesté, et j'espère que vous vous mettez
sur les rangs ?

BOURDON.

Je m'y mets, moi.

CONSEIL.

Je répondrais d'avance que le Roi sera enchanté de vous
voir toutes une fleur à la main, lui composer une couronne....
vous représenterez chacune la fleur que vous aurez choisie.

TOUTES, *avec vivacité.*

Ah ! c'est charmant !.. j'en suis, et moi aussi, et moi
aussi.

BOURDON.

Et pour ça on pourra bien dire que ce sont des fleurs
parlantes!

ADÈLE.

Ne perdons pas une minute.... il nous faut des fleurs.

LOUISE et AMÉLIE.

Des fleurs, des fleurs ?

AGATHE.

Moi je choisis la rose.

LOUISE.

Et moi de même.

ADÈLE, VIRGINIE., CAROLINE.

Et nous de même.

BOURDON., *à part.*

Tiens, elles veulent toutes être la rose, qu'est-ce que je
serai donc moi ?

ADÈLE.

Je ne veux pas être une autre fleur.

AMÉLIE et les autres.

Ni moi non plus, ni nous non plus.

TOUTES, *à part vivement.*

Quel amour propre, quelle prétention, quelle ambition !

CONSEIL.

Se quereller un jour comme celui-ci.... ne pas savoir
s'accorder quand je suis là.

AMÉLIE.

Le moyen avec ces demoiselles.

CONSEIL.

Ecoutez-moi : je vais écrire sur des petites feuilles, le
nom des plus belles fleurs, et chacune aura celle que le sort
lui donnera.

TOUTES.

Adopté , adopté !

Conseil écrit les noms avec un crayon sur du papier.

BOURDON.

N'oubliez pas d'en écrire un pour moi , tout d' même.

AGATHE , *à part.*

J'ai la main heureuse , j'aurai la rose.

LOUISE. *à part.*

Ah si le sort pouvait me la donner pour qu'elle ne l'eut pas

CONSEIL, *après avoir écrit.*

Il faut un vase pour mettre les billets.

BOURDON.

V'là ma casquette.

ADÈLE.

Fi donc ; voici mon chapeau.

(*Elle ôte le chapeau de paille qu'elle a sur la tête , et le dépose sur une table.*) BOURDON.

Mais j'y pense , faut un enfant pour tirer ça, c'est la règle.
J'en ai un petit qui est à trois lieues d'ici....

AGATHE.

va le chercher.

BOURDON.

Nenni, pendant que je serais pas là y aurait de la mani-
gance , et je veux pas de ça.

CONSEIL, *met les noms dans le chapeau et le tient un peu élevé.*
Les jeunes filles se placent sur une même ligne.

Air : *des Gardes-Marines.*

Avancez, mesdemoiselles,
Venez tirer les billets ;
Et surtout soyez fidèles
Dans les choix qui seront faits.

VIRGINIE, *tirant un billet.*

Je veux être la première. (*Elle lit.*)

Le laurier rose.

BOURDON.

C'est un' bell' fleur.

ADÈLE, *s'avançant.*

A mon tour laissez-moi faire. (*Elle lit.*)

La pensée.

TOUTES.

Ah ! quel bonheur!

CAROLINE, *à Louise.*

Vraiment, je te félicite,   (*elle s'avance.*)
Pour moi mon cœur fait tic tac.

(*Lisant.*) J'ai tiré la Marguerite.

BOURDON, *enchanté.*
La rose est encor dans l' sac.
TOUTES.
C'est charmant ! *(bis)*
Ce moyen devait nous plaire.
Oui, vraiment,
C'est charmant !
Je conçois qu'on le préfère.
Oui, dans cette circonstance
Il fallait de la prudence,
Pour donner un bon conseil,
Ah ! vive monsieur Conseil !   (3 *fois*)

CONSEIL, *saluant.*
Même air.
Combien je vous remercie
D'un compliment si parfait.
Mademoiselle Amélie,
A votre tour s'il vous plaît....
AMÉLIE, *s'avançant.*
Ah ! quel sera mon partage ? (*Elle lit.*)

Le lis.

BOURDON.
C'est un' bell' fleur.
AGATHE, *s'avançant.*
Je n'ai pas perdu courage. (*Elle lit.*)

La rose.

TOUTES.
Ah ! quel bonheur !
LOUISE, *à Agathe.*
Le sort t'offre la plus belle,
C'est moi qu'il trahit toujours.
(*Elle lit.*) Cependant j'ai l'immortelle....
BOURDON, *allant tirer aussi.*
Et moi j'ai l'oreille d'ours.
TOUTES.
C'est charmant !   (*bis*)
Ce moyen devait nous plaire.
Ah ! vraiment,
C'est charmant !
Je conçois qu'on le préfère.
Oui, dans cette circonstance,
Il fallait de la prudence,
Pour donner un bon conseil,
Ah ! vive monsieur Conseil !   (3 *fois*).

CONSEIL.
Il ne s'agit plus maintenant que de vous procurer les fleurs
dont vous avez besoin........mais sur cela je m'en rapporte à
vous ; il n'y a rien de plus indiscret que de donner des avis
aux personnes qui ne vous en demandent pas, voila ce que
je pense.

Air : *Une fille est un oiseau.*

Ainsi donc, en ce moment,
Pardonnez si je vous quitte,
Je vais conseiller bien vite
Mon avocat qui m'attend.
L'intendant, son secrétaire,
Le percepteur; le notaire,
Son fils, sa femme et son père,
(à part) Et puis conseiller, je croi,
Une jeune mariée
Qui déjà contrariée
Ne peut rien faire sans moi.   (bis.)
               (*Il sort vivement.*)

SCÈNE X.

Les jeunes Filles, BOURDON.

ADELE.

Maintenant, ma chère Agathe, tu vas nous dire où nous pourrons trouver des fleurs?

AMELIE.

Des lys.

ADELE.

Des pensées.

LOUISE.

Des immortelles.

AGATHE.

Je n'en sais rien vraiment... Je me rappelle que tout a été cueilli ce matin dans le village et dans le jardin de mon oncle; il ne reste pas un bouton.

ADELE.

Oh! mon Dieu! qu'est-ce que tu dis donc là?

AGATHE.

La vérité

CAROLINE.

Qu'allons-nous faire?

AGATHE.

Je l'ignore.

LOUISE.

Si M. Conseil était encore là, il nous tirerait d'embarras.

BOURDON.

Dites donc, mes petites moutonnes, est-ce que je ne suis pas là, moi?

AGATHE.

Eh bien ! que peux-tu faire pour nous ?

BOURDON, *apercevant la porte du petit jardin entr'ouverte.*

Vous dites qu'y a pas de fleurs ici, j'dis qu'y en a , moi,
et, pas plus tard qu'hier, je leur ai joliment donné à boire.

ADÈLE.

Comment nous en procurer ?

AMÉLIE.

Où sont-elles ?

BOURDON.

Air : *du Verre.*

Ah ! dame, j'sais ben un moyen
Que vous pourriez me faire dire ,
Mais un honnête homm', j'sens bien ,
Ne doit jamais s'laisser séduire.

AGATHE, *lui donnant sa bourse.*

Avec ceci te rendras-tu ?

BOURDON, *prenant l'argent.*

Je l'mets sur votre conscience,
Un bienfait n'est jamais perdu
Quand on se fait payer d'avance.

AGATHE.

Parle maintenant.

BOURDON, *allant ouvrir la porte du petit jardin.*

Avez-vous d's'yeux ? regardez par là... Hein ! est-ce joli
çà ?

AGATHE.

Ah ! point de doute, c'était pour moi qu'on les gardait.

TOUTES.

Courons vite ! courons vite !

(*Elles se précipitent dans le petit jardin.*)

SCÈNE XI.

BOURDON, seul.

Frrr, comme ça s'envole, ni plus ni moins qu'une compagnie de perdrix... Quoi... c'est aussi volatile... (*Regardant de l'autre côté*). Tiens, v'là Blaizot qui vient de côté....
Allons-nous-en; il serait peut-être bien assez bête pour
dire que c'est moi qui ai dit à ces jeunesses qu'il y a des
fleurs là-dedans : ça m'obstinerait, et j'aime pas qu'on
m'obstine... Adieu, les voisins.

(*Il sort en courant.*)

SCÈNE XII.

BLAISOT, SUZETTE.

BLAIZOT.

Mais, ma petite Suzette, conçois-tu ce qui nous arrive?

SUZETTE.

Oui, je le conçois.... Qu'est-ce que c'est?

BLAIZOT.

Monsieur le maire vient de me faire offrir, peur de les manquer, cent francs de plus des fleurs du petit jardin que notre maître nous a baillées pour notr' dot.

SUZETTE.

Faut qu'il en ait bien envie.

BLAIZOT.

Je te dis que le feu y est, et puis il est si riche.

SUZETTE.

Mon cher Blaizot, c'est-y heureux cet argent-là; ma mère vient encore de me dire que, sans cela, elle n'aurait jamais consentie à notre union.

BLAIZOT.

C'est-y intéressés des parens?

SUZETTE.

Je t'en réponds.

Air : *du ménage de garçon.*

Ils voulont suivre les usages,
Comm' not' magister me l'a dit;
L'amour commenc' les mariages,
Et c'est l'argent qui les finit.
Quand sur c't argent on peut conclure,
Par rien l'on n'est plus empêché,
Et le futur et la future
Passent par-dessus le marché.

BLAIZOT, *regardant dans le petit jardin.*

Ah, mon Dieu! qu'est-ce que je vois là?

SUZETTE, *regardant aussi.*

Dans le jardin?

BLAIZOT.

Ces demoiselles qui ceuillent mes fleurs.

SUZETTE.

Ah! Blaizot! Blaizot! v'là notr' dot qui s'en va.

BLAIZOT.

Et nos quatre cents francs qui filent.

SUZETTE , *pleurant.*

Faut-il avoir du guignon ? hi ! hi ! hi !

BLAIZOT , *comiquement..*

Ah ! c'est pour les couronnes dont M. Conseil vient de nous parler... Comme elles y vont : all' coupent, all' arrachent, all' s'piquent les doigts.

SUZETTE , *de même.*

Mais empêche-les donc, Blaizot.

BLAIZOT.

Tiens ! puisqu' c'est pour le bon motif... Si elles savaient qu'elles sont à nous... Mesdemoiselles... mesdemoiselles... J'vas les aider à nous voler.

SUZETTE.

Tu ris, toi.

BLAIZOT.

Faut-il que je pleure ? nous ferions une belle musique... Puisque c'est pour le roi ce qu'elles en font. (*A la cantonnade.*) Vous génez pas, prenez tout, prenez tout... Adieu, ma petite femme.

(*Il entre dans le jardin.*)

SCÈNE XIII.

SUZETTE, seule.

Oui, sa petite femme... J'crais ben qu'c'est fini à c't'heure... Ça ne se f'ra plus de sitôt... Hi ! hi ! hi !

Air : *Je ne veux pas qu'on me prenne.*

D' voir si près mon mariage ,
Mon cœur tressaillait déjà.
Voyez un peu quel dommage !
V'là tout qui va rester là.
Près d'un amant qu'on adore ,
C'est un bien fâcheux destin
De s' trouver le soir encore
Pas plus marié' que l' matin.

Tout l' monde va être joyeux aujourd'hui, et moi... Hi ! hi ! hi ! Eh bien ! moi, il faut que je le sois aussi ; parce que c'est pas la faute du Roi, et ça lui ferait de la peine de me voir pleurer.

(*On entend la ritournelle de l'air suivant.*)

SCÈNE XIV.

SUZETTE, et ensuite AGATHE, LOUILE, AMÉ-
LIE, ADÈLE, CAROLINE, VIRGINIE.

*(Elles sortent du jardin et tiennent des fleurs. Elles vont parler à
Suzette.)*

SUZETTE, *en pleurant.*

Air : *Vole, vole.*

Vers la danse
Qui commence,
On s'élance,
Et morgué ;
Dans c'te d'meure
A cette heure,
Moi je pleure,
Comm' c'est gai !
LOUISE, *à Suzette.*
Partage notre allégresse,
Nous n'avons plus de souci.
AMÉLIE, *de même.*
Ce qui cause notre ivresse
Doit te rendre heureuse aussi.   *(Elles valsent.)*

SUZETTE, *parlant en souriant malgré elle.*
Oui, mesdemoiselles, je suis bien heureuse.

(Pleurant.) Quel délire
Les inspire,
Les fait rire?
Quand morgué,
A cette heure,
Dans c'te d'meure,
Moi je pleure,
Comm' c'est gai !
ADÈLE, *à Suzette.*
Cette journée est charmante ;
Le plaisir seul nous conduit.
AGATHE ; *de même.*
Tu nous parais fort contente,
Ta gaîté nous rejouit.

Elles valsent.

SUZETTE, *même jeu.*
Oui, mesdemoiselles, je suis gaie.
(Reprenant l'air en pleurant.)

Vers la danse
Qui commence,

On s'élance,
Quand morgué,
A cette heure,
Dans c'te d'meure,
Moi je pleure.
Comm' c'est gai!

Les six demoiselles sortent en valsant.

SCÈNE XV.

SUZETTE, BLAIZOT.

BLAIZOT *entrant vivement.*

Ah! Suzette! Suzette! queu joie! queu bonheur!

SUZETTE.

Qu'est-ce que c'est donc?

BLAIZOT.

Les bonnes demoiselles! les bonnes demoiselles! Quand
je suis entré là-dedans...

(Il désigne le jardin.)

Air : *Contentons-nous, etc.*

V'là qu'ell's m'ont dit : c'est pour un' grande fête
Que nous cueillons la rose et le bouton;
V'là que j' leux dis : c'est la dot de Suzette;
Ell' rest'ra fille et je rest'rai garçon.
V'là qu'ell's me dis'nt : ainsi tu t' sacrifies?
V'là que j' leux dis : pour moi c'est un devoir.
V'là qu'ell's me dis'nt : il faut qu' tu te maries;
V'là que j' te dis que ce s'ra pour ce soir.

SUZETTE.

C'est'y ben vrai ça, mon p'tit Blaizot? c'est'y ben vrai?
(Elle saute de joie.) N'va pas m'faire une fausse joie; ça
m'f'rait trop de mal, vois-tu.

BLAIZOT, *lui montrant le jardin.*

J'te dis d'aller cueillir aussi ton bouquet... J'ons ben en-
tendu ce qu'elles voulaient nous dire.

SUZETTE, *riant, pleurant tour à tour.*

Ah! mon Dieu! faut-il avoir des bouleversemens comme
ça?... Ça fait du bien tout d'même l'plaisir.

(Elle a l'air d'étouffer de plaisir.)

BLAIZOT.

Viens-t-en donc; v'là notr' maître et son ami M. Conseil.

SUZETTE, *en sortant.*

J'étais t'y bête d'pleurer comme ça ?

SCÈNE XVI.

PACARET, CONSEIL, *très irrité.*

CONSEIL.

Oui, mon ami, je suis furieux : on ne m'a jamais traité de la sorte !

PACARET.

La, la, appaisez-vous.

CONSEIL, *à la cantonnade.*

Vous pourrez bien placer comme vous voudrez vos ifs, vos fleurs, vos guirlandes, vos quinquets. … je m'en lave les mains.

PACARET.

Mais qu'avez-vous donc ?

CONSEIL.

Air : *Vers le temple de l'hymen.*

Là-bas un de mes amis,
Qui veut embellir encore
La façade qu'il décore,
Me demande mon avis,
Moi qui suis très-serviable,
Je la trouve détestable,
De tout je me sens capable,
Et pour un plan excellent,
Je détruis tout son ouvrage,
Transparens, berceau, feuillage,
Et monsieur n'est pas content.

Si vous l'entendiez crier !… Quelle leçon pour moi. Qu'on me demande des conseils maintenant.

PACARET.

Vous ferez fort bien de n'en plus donner.

CONSEIL.

Dieu m'en préserve… Ah ça ! mon ami, voulez-vous m'en croire, on va se présenter ici pour le concours, je vous engage à n'être pas trop facile ; il faut tout voir, tout examiner, et n'admettre que les plus dignes.

PACARET.

On viendra d'une lieue à la ronde… Vous ne vous faites pas d'idée avec quel plaisir, quel empressement on a reçu ma proposition… Commerçans, guerriers, laboureurs.

CONSEIL.

Les laboureurs?

PACARET.

Pourquoi pas?

Air : *de Julie.*

CHARLES, dans sa bonté constante,
Accueille avec le même honneur,
Du guerrier la palme éclatante
Et l'humble épis du laboureur.   (*bis.*)
Malgré l'éclat qui l'environne,
Le Roi sait voir en tous les temps
Dans la fécondité des champs
Un des fleurons de sa couronne.

CONSEIL.

Plaçons-nous.

PACARET.

Nous serons à merveille ici.

(*Il se met sur un des côtés du théâtre.*)

CONSEIL.

Non, mon ami, non, nous serons beaucoup mieux de
l'autre côté ; ce diable d'arbre nous gênerait. Il y a six mois
aussi que je vous conseille de le faire abattre : voyez si j'a-
vais raison.

(*On entend le premier coup de canon.*)

SCÈNE XVII.

Les mêmes, BOURDON.

BOURDON , *en costume de fête.*
Place, place, voici le village.

CONSEIL.

Où vas-tu donc ainsi paré?

BOURDON.

Au mât de cocagne qu'on a élevé sur la place pour la fête
de ce soir. C'est un d'mes amis celui-là, et nous allons bien
ensemble, j'dis.

Air : *de l'écu de six francs.*

En grimpant je n' perds pas la tête,
J'attrapp' toujours mon contingent.
C'te montr' vient de la dernièr fête.
Y a deux ans qu'aussi diligent,

J'ai remporté ces boucl's d'argent.
Ce soir, si le bonheur m'accompagne.
D'un' timbal' j' m'empar'rai je croi,
J' veux boire à la santé du Roi
Dans le gob'let du mât de cocagne.

SCÈNE XVIII.

Les mêmes, tout le Village, les Jeunes filles, BLAIZOT.

CHOEUR GÉNÉRAL.

Air : *Verse encore, etc.*

Mes amis, allons,
    Courons,
        Volons,
    Déjà le canon tonne,
    La trompette résonne,
    Mes amis, allons,
        Courons,
        Volons,
    Et que tous les vallons
    Répètent nos chansons.

BLAIZOT.

D' puis l' premier coup d' canon
On n' peut plus tenir en place,
    Oh ! dans tout le canton
    Quel joli carillon !
    Dans l' plaisir qu' l'on a
Hommes et femm's, tout s'embrasse,
    Quand le roi passera
    Qu'est que tout ça d' viendra ?

CHOEUR.

Mes amis, allons, etc.

SCÈNE XIX.

Les mêmes, AGATHE, LOUISE, AMÉLIE, ADÈLE,
CAROLINE, VIRGINIE, LÉONIDE, CLARIS-
SE, JULIETTE, *entrent portant chacune un beau bou-
quet* (1).

____

(1) NOTA. *Agathe* a un bouquet de roses et une couronne de
la même fleur sur la tête. *Louise*, un bouquet d'immortelles et
une couronne semblable. *Amélie* tient un bouquet de pensées et
porte une couronne tressée avec la même fleur. *Adèle* est parée
d'un bouquet et d'une couronne de lys, et ainsi de suite pour les
autres. Elles ont toutes de larges ceintures vertes, et viennent
sur l'avant-scène se placer sur un seul rang ; puis elles chan-
tent le chœur suivant.

TOUTES.

Même air.

Le plaisir en ces lieux
Annonce sa présence
Tous les cœurs sont joyeux,
Tous les fronts radieux.
Bientôt il viendra ;
Quelle douce espérance,
Quand le Roi passera.
Comme mon cœur battra,

CHOEUR.

Mes amis, allons, etc.

PACARET.

Mais je ne me trompe pas , voilà les trois demoiselles de notre voisin Déricourt.

CLARISSE.

Oui, monsieur, nous nous sommes empressées de venir ici, en apprenant que nos bonnes amies allaient former une couronne pour le Roi.

JULIETTE.

Et nous avons aussi fait le choix d'une fleur.

CONSEIL , *enchanté.*

Bravo ! bravo ! mesdemoiselles , vous avez parfaitement saisi l'esprit du conseil que je vous ai donné.

PACARET.

Eh quoi! mes nièces , ces demoiselles sont de la fête, du concours ?

AGATHE.

Oui, mon oncle, et nous espérons bien être des premières placées.

PACARET.

Mais que voulez-vous donc faire de ces fleurs?

VIRGINIE.

Elles ont toutes une distinction qui nous est bien chère.

Air : Je n'ai point vu ces bosquets.

J'offre aujourd'hui la branche de laurier,
A ce héros protecteur de l'Espagne.

AGATHE.

Et moi la rose unie à l'olivier,
A sa touchante, à sa noble compagne.

AMÉLIE.

Deux lys sont présentés par moi

(35)

Anx deux enfans d'une mère chérie.
ADÉLE.
Le cœur rempli d'un doux émoi.
J'offre la pensée à mon roi.
LOUISE.
L'immortelle à sa dysnastie. (*bis.*)
(*Tous reprennent en chœur.*)

CONSEIL.
Ah ! c'est bien aujourd'hui l'hommage des Français.
PACARET.
C'est bien dommage que parmi vous, mesdemoiselles,
on ne voie pas ma petite Suzette.
CONSEIL, *aux demoiselles.*
Est-ce que je ne vous ai pas conseillé de lui donner aussi
une fleur.
BLAIZOT, *bas à Pacaret.*
Not' maître, elle est là... mais elle n'ose pas paraître.
(*Blaizot fait signe à Suzette d'avancer ; elle se cache derrière
lui.*)
CONSEIL.
Et pourquoi donc ? amène-la bien vîte.
BLAIZOT.
La v'là avec un bouquet de fleurs des champs.

SCÈNE XX.

LES MEMES, SUZETTE, *avec un gros bouquet, composé
de bleuets, d'épis et de coquelicots ; elle porte aussi une couronne sur sa tête.*

SUZETTE.

Air : *Mais elle était née au village.*

De tout's les fleurs de not' jardin
Ces dam's ont pris les plus jolies,
Mais cell's-ci restaient, et soudain,
Pour not' bon Roi, je les ont cueillies :
Nos cœurs, nos fleurs, tout est pour lui
Dans cette fête qu'on lui donne ;
Je crois qu'il n' faut pas aujourd'hui
Qu'un' seul' fleur manque à sa couronne.

PACARET.
C'est dit, nous adoptons ton bouquet, et ton mariage aussi,
ma petite Suzette : voilà ta dot que t'offrent ces demoiselles
en échange des fleurs que je t'avais données.

SUZETTE.

Ah ! mon parrain ! ah ! mesdemoiselles! maintenant , je
suis heureuse pour tout de bon.

(*Ici , l'orchestre exécute l'air :* Jeunes amans , cueillez des
fleurs. *pendant lequel les jeunes nièces de Pacaret , et leurs
amies se forment en rond , élèvent leurs bouquets à la même hau-
teur et représentent une couronne de fleurs variée que termine en
pointe , dans le milieu , une grande branche de lys , portée par
une jeune personne placée au centre. Pendant le couplet suivant,
les jeunes filles tournent devant le Public et forment une couronne vivante.)*

CONSEIL, *examinant le joli tableau mobile des jeunes demoiselles.*

Bien , mesdemoiselles.

Air : *J'ai défendu qu'en sa présence.*

Est-il plus brillant assemblage
Pour exprimer notre amour et nos vœux?
De Charles X, un si touchant hommage
Doit charmer le cœur et les yeux.
Quand chaque jour sa bonté nous étonne,
Je vois dans ces heureux bouquets
Un emblême de la couronne
Que lui décernent les Français.

PACARET , *avec feu.*

Voilà le cortége ! voilà le cortége !

*Toutes les jeunes filles montent sur l'amphithéâtre pour voir
passer le Roi. On entend la trompette ; les tambours battent aux
champs ; chacun élève son bouquet et sa couronne , en criant :*
VIVE LE ROI ! VIVE CHARLES X. — *Tableau. Le rideau baisse.*

FIN.